W0466879

Préface

Chers enfants de 1966,

Nous sommes nés à l'ombre du général de Gaulle, dans un pays en noir et blanc où la pilule contraceptive était interdite, mais où les chefs de famille avaient le droit de rouler à tombeau ouvert sans ceinture de sécurité. Le temps des papas-poules n'était pas encore advenu et nos pères restaient de rudes coqs, détenteurs d'une « puissance paternelle » héritée de Napoléon et par laquelle ils étaient censés « corriger les mœurs et préparer l'obéissance » de leurs enfants, selon la belle expression d'un rédacteur du code civil. Nos mères correspondaient à la caricature qu'en avait fait Marcel Gotlib : elles étaient encore « douces, timides et effacées », mais plus pour longtemps. Bientôt, les sauvageons de Mai 68 jetteraient leurs gros pavés dans la mare gaulliste. La vieille France des années 1960 serait chahutée par les Shadoks, assaillie par le féminisme, dynamitée par les enfants du baby-boom.

La télévision avait pris des couleurs et nous grandissions avec Colargol et Goldorak, Casimir et Caliméro. Nos parents profitaient d'une semaine supplémentaire de congés payés, la quatrième. Malgré la crise du pétrole, on carburait au super et l'année était rythmée par de grandes transhumances : classes de neige, colonies de vacances, camping à la plage.

Georges Pompidou avait consacré l'automobile et sanctifié l'autoroute avant de faire pousser les centrales nucléaires comme des champignons atomiques. Puis, sous Valéry Giscard d'Estaing, le taux de chômage augmenta en même temps que le prix de l'essence. La colère grondait et le Président qui voulait « regarder la France au fond des yeux » toucha le fond de l'impopularité. On prétendit qu'il était snob et qu'il se chauffait aux diamants.

On le remplaça en 1981 par François Mitterrand qui supprima la guillotine et inventa le ministère du Temps libre. Du temps libre, il y en eut surtout pour les chômeurs, de plus en plus nombreux. On vit alors éclore un Front national qui vociférait « Les Français d'abord ». Au même moment, les savants découvrirent un affreux virus, celui de l'amour qui tue. On le baptisa « sida » et quelques facétieux le surnommèrent « syndrome inventé pour décourager les amoureux ». À 18 ans, nous n'étions pas encore conscients du danger – mais nous étions déjà amoureux, et il en aurait fallu plus pour nous décourager.

Isabelle Gilberton — Pierre Barrot

Cours, camarade bébé !

1966-1968

Mon père, ce Zorro au sourire si doux.

Rose des sables

Aujourd'hui, la maternité où je suis née est devenue une maison de retraite. Rien d'étonnant à cela, car la production annuelle de bébés a chuté : il en naît aujourd'hui 100 000 de moins qu'en 1966. Les retraités, au contraire, se sont multipliés ; ils sont huit millions de plus. 1966 se situe à mi-chemin entre le baby-boom et le papy-boom. Cette année-là, on fabriquait toujours des bébés

Chronologie

11 janvier 1966
Indira Gandhi devient Premier ministre de l'Inde.

13 mars 1966
Le général de Gaulle annonce le retrait de la France du commandement intégré de l'OTAN, décision qui entraîne le départ des soldats américains stationnés en France depuis la Libération.

21 avril 1967
Coup d'État militaire en Grèce et début du régime des colonels.

25 mai 1967
Émeutes en Guadeloupe, dont la répression fera au moins 87 morts.

5 juin 1967
Déclenchement de la guerre des Six Jours, qui aboutit à une victoire israélienne. L'État hébreu triple sa superficie en occupant les territoires palestiniens.

6 juillet 1967
Début de la guerre du Biafra, qui fera près de deux millions de morts.

9 octobre 1967
Mort d'Ernesto « Che » Guevara, tué par l'armée bolivienne après l'écrasement de son foyer de guérilla.

Février 1968
Jean-Claude Killy remporte trois médailles d'or aux Jeux olympiques d'hiver de Grenoble.

16 mars 1968
Entre 300 et 500 civils vietnamiens sont massacrés à My Lai ; l'officier américain déclaré coupable ne passera que trois ans et demi en prison.

4 avril 1968
Assassinat de Martin Luther King.

6 mai 1968
Violents affrontements entre étudiants et CRS au Quartier latin ; 600 étudiants et 300 policiers sont blessés.

27 mai 1968
Signature des accords de Grenelle, prévoyant notamment une hausse de 25 % du salaire minimum.

20 août 1968
Écrasement du Printemps de Prague par les troupes soviétiques.

2 octobre 1968
Près de 200 personnes sont tuées lors de la répression d'une manifestation étudiante sur la place des Trois-Cultures à Mexico, dix jours avant l'ouverture des Jeux olympiques.

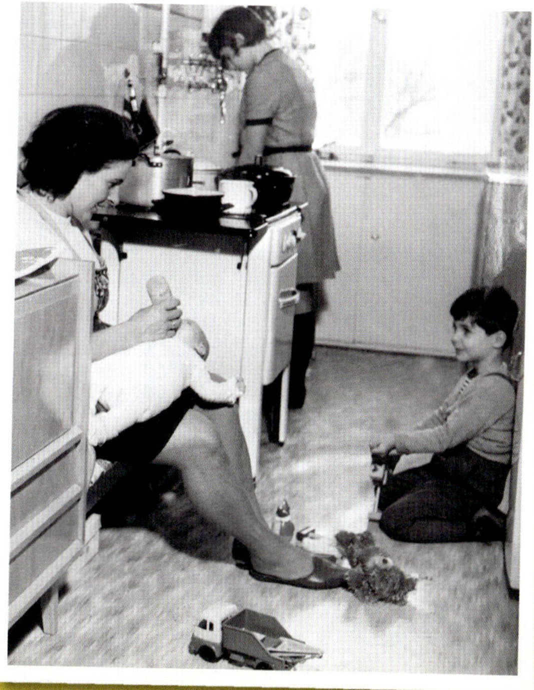

La cuisine reste un lieu de vie privilégié.

en grand nombre, mais on ne faisait pas encore de vieux os. L'espérance de vie était de soixante-dix ans seulement, cinq ans de plus que l'âge légal de départ à la retraite.

Mes parents se sont mariés jeunes, en 1962. Mon père revenait d'Algérie, où il avait fait son service militaire. Affecté à Reggane, dans le Sahara, il avait assisté à l'explosion d'une des premières bombes atomiques françaises. Il n'en parlait pas beaucoup, préférant évoquer les tempêtes de sable, qui semblaient l'avoir davantage impressionné. Il avait ramené de Reggane une fleur de gypse appelée « rose des sables » et un bocal contenant de la poussière ocre du Sahara. Je me suis toujours demandé si ces souvenirs n'étaient pas radioactifs.

Distribution de vivres par la Croix-Rouge à Owerri : la guerre du Biafra a fait environ deux millions de morts.

French doctors au Biafra

En 1966, dans le nord du Nigeria, État le plus peuplé d'Afrique, des émeutes entraînent le massacre de 30 000 membres de l'ethnie ibo, originaire du sud-est du pays. Après un coup d'État militaire en 1967, le général Yakubu Gowon commence à mettre en place un nouveau découpage administratif qui exclut les Ibos de l'exploitation des ressources pétrolières. Leur leader, Izu Ojukwu, proclame alors l'indépendance du sud-est du Nigeria, rebaptisé Biafra.
Le gouvernement fédéral réagit par un blocus et des bombardements. Des millions de réfugiés, pris au piège, subissent une famine épouvantable. Grâce aux reporters occidentaux accourus sur les lieux, le monde entier découvre des images d'enfants squelettiques au ventre ballonné.
L'opinion publique s'émeut et des médecins français gagnent le Biafra sous l'égide de la Croix-Rouge internationale, pour tenter de sauver des vies. Parmi eux, le docteur Bernard Kouchner, qui fera partie, trois ans plus tard, des fondateurs de Médecins sans frontières.
Mais, parallèlement à cette action humanitaire, s'opèrent des manœuvres politiques aux motifs bien moins nobles. Contre l'avis de son Premier ministre, le général de Gaulle décide de soutenir la sécession du Biafra pour réduire l'influence anglo-saxonne en Afrique tout en assurant à la France un accès aux ressources pétrolières du delta du Niger. C'est Jacques Foccart, « monsieur Afrique » agissant dans l'ombre du général, qui organise l'envoi de mercenaires (dont le fameux Bob Denard) et la livraison d'armes au Biafra. Tous les moyens sont bons, y compris l'utilisation d'avions peints aux couleurs de la Croix-Rouge.
La guerre du Biafra se termine par l'échec de la sécession ibo et le triomphe des forces fédérales nigérianes. Le bilan du conflit est effroyable : près de deux millions de morts, pour la plupart victimes du kwashiorkor. Cette carence en protéines est alors aggravée par la longue errance des personnes déplacées dans des forêts où elles ont trouvé refuge, et qui se révèlent un piège mortel.

État de siège

À la naissance, je pesais près de quatre kilos. La technique de l'accouchement sans douleur était alors à son apogée : en Île-de-France, elle était pratiquée par la moitié des parturientes. Mais il n'y avait encore ni échographie, ni péridurale, et j'eus la mauvaise idée de me présenter « par le siège ». Face à cela, la respiration du petit chien n'était pas d'un grand secours pour les mères. Pourtant, la mienne dut tenir bon, car les médecins n'avaient pas l'habitude de recourir à une césarienne pour si peu.

Depuis ces temps héroïques, la césarienne s'est pratiquement généralisée en pareil cas. Cette tendance est venue des États-Unis où, dès les années 1960, on y a recouru de façon presque systématique pour les bébés qui, comme moi, avaient le mauvais goût de surgir cul par-dessus tête, au risque de finir « les pieds devant ». Mais, contre toute attente, le « tout césarienne » n'a pas permis de sauver plus d'enfants.

Malgré les quatre kilos du rejeton et son expulsion laborieuse, la mère n'est pas rancunière.

Attention au bébé en état de marche : terreur des tables basses, serial killer des bibelots en porcelaine.

La position du dormeur couché

Les couches-culottes jetables, apparues en Amérique en 1961, n'avaient pas encore traversé l'Atlantique. Les bébés que nous étions se trouvaient encore harnachés à l'aide de langes et de pointes plastiques fixées par des épingles à nourrice. Quant à notre garde-robe, elle se composait, pour l'essentiel, de layette tricotée par les grand-mères.

La hantise des mères de cette époque s'appelait déjà MSN. Il ne s'agissait pas encore de l'insupportable messagerie pour adolescents analphabètes, mais de la mort subite du nourrisson. Pour lutter contre ce fléau, deux écoles pédiatriques s'affrontaient : la première soutenait qu'un bébé couché sur le dos risquait de s'étouffer en régurgitant, ses vomissures descendant directement dans les bronches. L'autre école répliquait en brandissant une étude américaine de 1940, selon laquelle les cas de MSN étaient nettement plus nombreux chez les bébés couchés sur le ventre, lesquels s'étouffaient en collant leur bouche contre le matelas. Par prudence, beaucoup de mères choisissaient de couper la poire en deux en couchant leur bébé sur le côté. La mienne avait opté pour la position dorsale, trente ans avant que cette option ne fasse l'unanimité.

Au milieu des années 1960, le mode d'allaitement – au sein ou au biberon – faisait également l'objet d'une controverse acharnée. Le mouvement féministe, considérant l'allaitement au sein comme une forme d'asservissement de la femme, était encore embryonnaire ; mais le personnel médical venait déjà à son secours en faisant la promotion du biberon sous prétexte de modernisme (cachez ce sein archaïque que je ne saurais voir...). Ma propre mère résista à cette pression en m'allaitant pendant près de trois mois.

La vie en « ose »

Vers l'âge d'un an, j'ai attrapé une grave toxicose, une maladie fulgurante se manifestant par une diarrhée aiguë et une déshydratation accélérée. Le nourrisson perd plusieurs centaines de grammes en quelques heures et peut en mourir si l'on ne fait rien, et même si l'on fait tout ce qu'il faut. Autant dire qu'en 1966, on ne donnait pas cher de ma peau. Pour éviter que je ne devienne squelettique, on me plaça sous perfusion et, pour m'empêcher d'arracher la canule, l'infirmière dut m'attacher.

L'ancien nom de la toxicose était le « choléra infantile ». Cette appellation sonnait comme une condamnation à mort, c'est pourquoi les médecins avaient préféré adopter un terme en « ose » qui donnait à cette infection une connotation scientifique et plus moderne. Après dix jours à l'hôpital, je fus enfin réhydratée, ce qui me permit de renouer avec une alimentation normale sans nourrir les statistiques de la mortalité infantile. En 1966, le risque de mourir avant l'âge d'un an était six fois plus élevé qu'aujourd'hui.

À l'époque, plusieurs terribles maladies, oubliées depuis, continuaient de sévir. On nous vaccinait contre la variole : on mourait encore de cet abominable fléau, en Bretagne, treize ans avant notre naissance. La poliomyélite était

Deux cousins en guise de gardes du corps.

bien présente, et il n'était pas rare de voir des enfants aux jambes tordues que l'on traitait cruellement de « polios » dans les cours de récréation. Le vaccin contre ce mal était pourtant obligatoire, tout comme le BCG, qui protégeait de la tuberculose, à une époque où les sanatoriums étaient nombreux et bien remplis. C'est en 1966 qu'est apparu en France le vaccin Tetracoq, protégeant à la fois contre la coqueluche, la diphtérie, le tétanos et la polio.

Une poupée née à Noël, comme Jésus.

Les trois-huit

Après avoir travaillé quelques années en tant que menuisier, mon père rejoignit en 1968 la fabrique d'écrans de télévision où ma mère était employée comme secrétaire depuis l'âge de 16 ans, devenant ainsi salarié. Il travailla longtemps comme ouvrier spécialisé, faisant même les trois-huit. Puis, il renoua avec son métier de menuisier tout en restant dans la même usine : on lui confia la fabrication des coffrages en bois utilisés lors de la cuisson du verre des écrans de télévision. Pour cela, il lui fallait entrer dans les fours encore chauds et enfiler une chasuble blanche molletonnée dans laquelle il transpirait abondamment.

Les deux parents travaillent. Heureusement que je suis là pour garder Nounours !

La colére gronde chez les commerçants.

La révolte du petit commerce

Mon père avait fait un choix prudent en devenant salarié : les artisans étaient alors menacés par le développement industriel et l'avènement des grandes surfaces. La révolte grondait chez les commerçants et artisans, et un certain Gérard Nicoud s'en fit le porte-parole. À la fin de l'année 1968, il fonda une confédération intersyndicale appelée Cidunati. Personne ne put jamais retenir le sens de ce sigle alambiqué, qui sonnait comme un juron corse ou sicilien. Il y avait de la vendetta dans l'air.

Dès sa création, la Cidunati allait s'en prendre à l'État et en particulier aux fonctionnaires des impôts, accusés de pressurer les travailleurs indépendants. Lors de la mise à sac d'une perception, les gros bras de la Cidunati parvinrent à rafler trois tonnes de dossiers fiscaux. Cet exploit valut à Nicoud d'être jeté en prison. Mais grâce à lui, les commerçants et artisans menacés par le fisc n'étaient plus seuls à vivre dans la crainte. Désormais, on tremblait aussi dans les perceptions, et Gérard Nicoud finit même par imposer à l'administration une « charte du contribuable vérifié ». Face aux redressements du fisc, le petit peuple des travailleurs indépendants avait trouvé son redresseur de torts.

1er juin 1967 : les Beatles se préparent à leur premier concert en Mondovision.

Et les Beatles chantaient...

Ils sont déjà « plus populaires que Jésus ». Mais cela ne leur suffit pas. En juin 1967, les Beatles donnent un concert en direct des studios d'Abbey Road à Londres. À cette occasion, la BBC assure sa première retransmission planétaire par satellite, et 400 millions de personnes peuvent entendre le nouveau tube All You Need Is Love. *Quelques jours plus tôt, les quatre enfants terribles de Liverpool avaient fait parler d'eux en réclamant la légalisation de la marijuana dans une pleine page de publicité diffusée par le* Times. *La semaine précédente, Paul McCartney avouait lors d'une interview télévisée qu'il consommait du LSD. John Lennon n'était pas en reste, même s'il ne s'en vantait pas ; George Harrison avait déjà décroché.*

En août 1967, le manager des Beatles, Brian Epstein, meurt accidentellement après avoir absorbé un cocktail d'alcool et de barbituriques. Le choc décide les quatre garçons à se tourner vers la sagesse orientale. Après avoir rencontré à Londres le maharishi Mahesh Yogi, un gourou indien prônant la méditation transcendantale, ils rejoignent son ashram au pied de l'Himalaya en février 1968. Mais la nourriture est infecte et Lennon découvre que le yogi a des penchants libidineux. Choqué, il abandonne l'ashram, puis quitte sa femme avant d'épouser la Japonaise Yoko Ono.

Souffleurs de verre

À première vue, la carrière professionnelle de mes parents ressemble à un long fleuve tranquille : ils ont gardé le même employeur jusqu'à leur retraite. Mais s'ils ont toujours travaillé au même endroit et si leur domaine d'activité est resté inchangé, l'entreprise elle-même a subi toutes ces métamorphoses qu'on appelle « restructurations ». Selon les époques, elle a licencié en masse ou réembauché ; elle a changé de mains, s'est fragmentée en plusieurs usines, a modifié sa production. En plus des écrans de télévision, il a fallu fabriquer des biberons, des pare-brise de voiture, des verres de lunettes. Cette entreprise, française depuis plus de deux siècles, finit par être rachetée par un groupe américain. Le même site hébergeait deux autres verreries industrielles, dont l'une est devenue italienne et la seconde, espagnole, puis slovène. Beaucoup d'autres usines travaillaient le verre dans notre région. Elles utilisaient du sable provenant de carrières situées dans la plus vaste forêt domaniale d'Île-de-France. Cette matière première, réputée pour sa finesse et sa pureté, avait été utilisée par des souffleurs de verre dès le XVIIe siècle.

Il a fallu attendre les années 1970 pour que le terme « restructuration » entre dans le vocabulaire courant. Mais dès les années 1960, plusieurs secteurs économiques connaissaient déjà de profondes mutations. La sidérurgie et l'industrie textile avaient commencé à s'effondrer. En zone rurale, de nombreux petits métiers millénaires (vanniers, potiers, étameurs) connaissaient leurs derniers moments. Le maréchal-ferrant, emblème du village gaulois, avait survécu à la disparition des chevaux de trait en se spécialisant dans la réparation du matériel agricole. Mais la concurrence des ateliers industriels allait bientôt lui porter le coup de grâce.

Papa travaille chez un magicien qui prend du sable dans la forêt pour le transformer en écrans de télévision.

Après Mai 68, on a tendance à vouloir dépasser les bornes.

Les mœurs évoluent : le cousin pourra bientôt imiter le héros du film *Charlie et ses deux nénettes* (sorti en 1973).

Insurrection ouvrière

À l'emplacement de l'usine de mes parents, une verrerie royale avait été créée en 1752 suite à un décret de Louis XV. Le règlement intérieur de l'époque n'était pas tendre avec le personnel. « Faisons défenses à tout ouvrier de s'éloigner de plus de deux lieues de la manufacture », pouvait-on lire dans une ordonnance émise quelques années avant la Révolution. « Défendons auxdits employés & ouvriers [...] d'exciter aucun trouble dans la manufacture, d'y causer aucun dommage, soit directement, soit indirectement, d'injurier leurs chefs & particulièrement le directeur, auquel il porteront honneur & respect & obéiront en tout ce qui sera du service de la manufacture & de la bonne administration d'icelle. »

Ce catalogue d'interdictions aurait pu être écrit au lendemain de Mai 68, car la tension entre patrons et ouvriers était alors à son comble. Après le joli mois de mai et sa grève générale, demeurée étonnamment pacifique, on était entré dans une période de bouillonnement social, marquée par des flambées de violence périodiques.

En juin 1968, les usines Peugeot de Montbéliard furent secouées par une véritable insurrection ouvrière. Au moment de reprendre le travail, le 10 juin, les salariés se sentirent dupés et une nouvelle grève fut votée. Pendant deux jours, des affrontements très violents opposèrent des milliers d'ouvriers aux CRS et aux gendarmes mobiles. Deux fusillades éclatèrent et le bilan fut de deux morts et soixante-sept blessés. Cela se passait sous l'ancien régime, celui du général de Gaulle.

La chienlit de 1968

En janvier 1968, un étudiant du nom de Daniel Cohn-Bendit se fait remarquer en interpellant un ministre sur les « problèmes sexuels des étudiants ». « Question orale avec débat », comme on dit à l'Assemblée nationale. Le 22 mars, le revoilà en train d'occuper la faculté de Nanterre. En mai, la révolte étudiante éclate dans le Quartier latin à Paris. Les pavés volent et les « enragés » hurlent « CRS, SS ! » On dénombre plusieurs centaines de blessés, victimes d'affrontements extrêmement violents, mais aucun mort, grâce au sang-froid du préfet de police de Paris, Maurice Grimaud.

Le 22 mai, Cohn-Bendit, de nationalité allemande bien que né en France, y est interdit de séjour. Entre-temps, les salariés ont rejoint les étudiants contestataires, et l'on assiste au plus grand mouvement social depuis le Front populaire : huit millions de grévistes paralysent le pays.
Ce soulèvement s'achève sur les accords de Grenelle, avec une hausse de 25 % du salaire minimum. Le général de Gaulle, qui a dénoncé « la chienlit » (le désordre) avant de disparaître à Baden-Baden pour consulter le général Massu, reprend la main fin mai : il dissout l'Assemblée, ce qui lui permettra de triompher aux élections de juin.

En mai, fais ce qu'il te plaît... Les étudiants du Quartier latin mettent la France sens dessus dessous.

Quand les Shadoks pompaient

1969-1971

La nouvelle société

1969 fut une année de ruptures. Le général de Gaulle partit en claquant la porte. Il y eut un nouveau président, Georges Pompidou, et un chef du gouvernement appelé

Le cousin innocent est sur le point de se faire enjôler.

Chronologie

2 mars 1969
Premier vol du *Concorde*.

22 mars 1969
Première limitation de vitesse à 110 kilomètres/heure sur les routes nationales françaises.

21 juillet 1969
Premiers pas sur la Lune de Neil Armstrong et Buzz Aldrin.

15 août 1969
Ouverture du festival de Woodstock.

16 janvier 1970
Fin de la guerre du Biafra.

18 mars 1970
Le prince Sihanouk, roi du Cambodge, est renversé par le général Lon Nol, soutenu par les États-Unis.

16 mai 1970
Instauration de la quatrième semaine de congés payés en France.

9 juillet 1970
La durée du service militaire français est ramenée à un an.

4 septembre 1970
Salvador Allende remporte l'élection présidentielle au Chili.

28 septembre 1970
Mort de Gamal Abdel Nasser, président égyptien.

1er novembre 1970
146 jeunes meurent dans l'incendie d'un dancing à Saint-Laurent-du-Pont, dans l'Isère.

9 novembre 1970
Mort de Charles de Gaulle.

7 février 1971
La Suisse accorde le droit de vote aux femmes.

26 mars 1971
Proclamation de l'indépendance du Bangladesh. Une guerre éclate avec le Pakistan, qui fera plusieurs centaines de milliers de morts.

3 juillet 1971
Jim Morrison est retrouvé mort à Paris.

Chaban-Delmas a supprimé l'école le samedi après-midi, mais Pompidou a fini par le renvoyer avec un bonnet d'âne.

Jacques Chaban-Delmas. Celui-là avait eu une jeunesse fougueuse : alors qu'il n'était âgé que de 29 ans, de Gaulle avait fait de lui le plus jeune général qu'ait connu l'armée française depuis Napoléon. Devenu Premier ministre, Chaban-Delmas décida de tendre la main aux jeunes générations qui avaient mis le feu au pays en mai 1968. Craignant peut-être que le vent de la révolte ne s'étende aux cours de récréation, il commença par supprimer l'obligation d'aller à l'école le samedi après-midi. Puis, pour ménager les plus grands, il ramena la durée du service militaire à un an. Par la même occasion, il invita les filles à rejoindre les casernes pour un service volontaire. Dans un même élan féministe,

Tremblez, grands-pères ! Chaban-Delmas veut pourfendre l'archaïsme et le conservatisme.

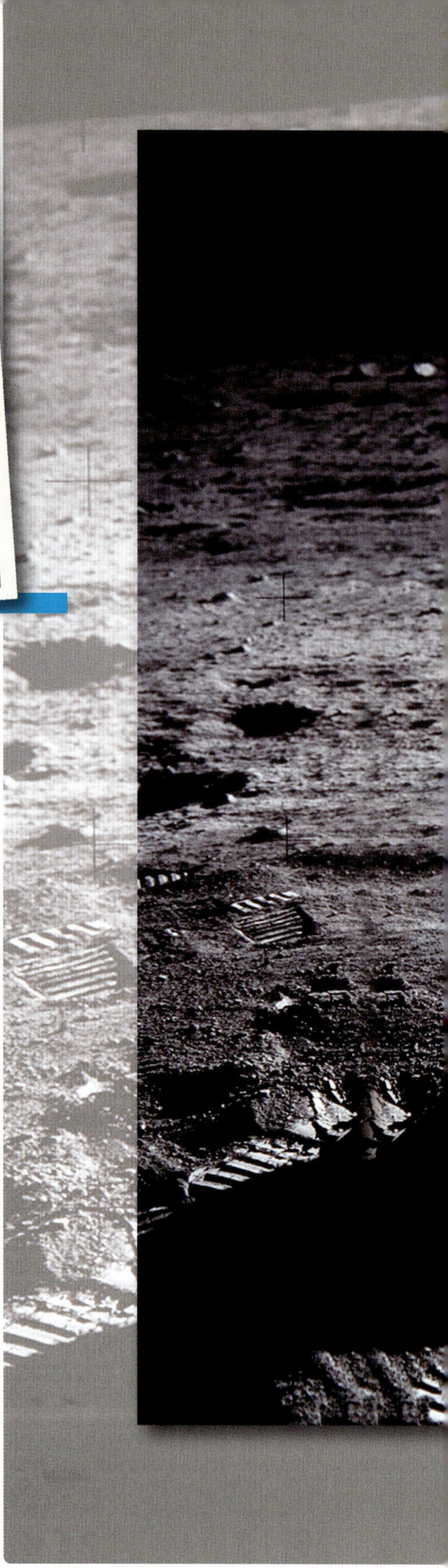

son gouvernement écorna le pouvoir du patriarche. La notion de « puissance paternelle », héritée du code Napoléon, fut remplacée par celle « d'autorité parentale ». Les hommes perdaient ainsi leur statut d'unique chef de famille, et les femmes cessaient d'être traitées comme leurs enfants. En cela, Chaban-Delmas voulait lutter contre « l'archaïsme et le conservatisme de nos structures sociales ».

Dans un fameux discours à l'Assemblée nationale, il avait dénoncé les tares de notre « société bloquée ». Ce jour-là, il avait conclu en appelant à la construction d'une « nouvelle société ». Mais le président Pompidou, qui l'avait nommé, ne partageait pas cette vision réformiste : « Chaban, disait-il, croit le moment venu de faire du neuf. On ne fait jamais du neuf. Ce sont là des fantasmes d'adolescents ou de romantiques. » En 1973, l'adolescent fut renvoyé et la vieille société reprit le dessus.

Photographié par Neil Armstrong, Buzz Aldrin traverse à pied sec la mer de la Tranquillité.

On a marché sur la Lune

Le 20 juillet 1969, après quatre jours de voyage à bord de la capsule Apollo 11, les trois cosmonautes Aldrin, Collins et Armstrong alunissent sans faire de vagues sur la mer de la Tranquillité. Neil Armstrong pose le pied sur ce petit coin de Lune parfaitement sec et feint d'improviser sa fameuse phrase : « C'est un petit pas pour l'homme, mais un bond de géant pour l'humanité. »

Un siècle plus tôt, Jules Verne avait imaginé une aventure analogue dans ses deux romans De la Terre à la Lune et Autour de la Lune, parus respectivement en 1865 et 1870. Expédiés à bord d'une fusée en forme d'obus, ses trois cosmonautes avaient mis 97 heures et 20 minutes pour atteindre la Lune, soit presque autant que l'équipage d'Apollo 11. Mais contrairement aux astronautes de la NASA, ses explorateurs se sont contentés de graviter autour du satellite de la Terre. Ils ont ensuite actionné des propulseurs qui leur ont permis de rentrer. Leur voyage s'est achevé par un plongeon dans l'océan Pacifique, au milieu duquel leurs sauveteurs les ont retrouvés en train de jouer aux dominos. Dans le récit visionnaire de Jules Verne, on retrouve ainsi, en plus du même temps de vol, le même effectif, le même point de départ (la Floride) et le même point de chute (l'océan Pacifique) que dans l'odyssée d'Apollo 11.

À la rentrée scolaire, on tente de faire le caïd, mais on n'en mène pas large...

Une petite sœur à croquer

Les principaux événements de l'année 1970 furent pour moi la naissance de ma petite sœur et la mort du général de Gaulle. Nous avions alors quatre ans, et je ne me rappelle pas avoir pleuré.

Si ma petite sœur fut la bienvenue, cela ne m'empêcha pas de lui mordre le bras jusqu'au sang lorsqu'elle eut trois mois. Je voulais sans doute goûter à cette chair douce et potelée.

Mise en accusation, je tentai de nier l'évidence avec autant d'aplomb que de mauvaise foi : « C'est pas moi ! » Cette protestation d'innocence ne désarma pas ma mère, qui me mordit à son tour pour prévenir toute récidive. De nos jours, tous les gourous de la science éducative auraient condamné ce geste. Mais en 1970, la psychanalyste Françoise Dolto n'avait publié qu'un livre et commençait tout juste à dispenser ses conseils à la radio. Les mamans ignoraient donc les secrets de la libido enfantine, dont elles ne soupçonnaient d'ailleurs même pas l'existence. Ma mère était loin d'imaginer que j'avais dépassé le stade oral pour atteindre un stade supérieur appelé « sadique-oral » ou encore « oral-cannibalique ». Cela l'aurait peut-être effrayée, et il n'y avait pas de quoi, car ces grands mots de psychanalystes signifiaient simplement que comme la plupart des enfants de mon âge, je prenais plaisir à mordre.

L'école d'après 1968

En 1969, nous entrions en maternelle. J'ai fréquenté successivement l'école des Verreries, celle de la Gare, puis une école des Sources, ainsi nommées à cause des usines de verre, de la gare SNCF et d'un captage de source alimentant la ville de Paris. Ces appellations triviales étaient une marque d'originalité car, à l'époque, des centaines d'établissements scolaires s'appelaient

À cet âge, les garçons sont encore doux comme des agneaux. On peut leur manger la laine sur le dos.

Jules-Ferry ou Victor-Hugo. Il y eut ensuite une épidémie de Jacques-Prévert et de Paul-Éluard.

Alors que nous entamions nos premiers gribouillages, le système scolaire français connaissait de grands bouleversements. On supprima le classement des élèves dans le primaire ainsi que la notation sur 20, remplacée par les lettres A, B, C, D et E. Les mathématiques modernes firent leur apparition tandis que le latin disparaissait en sixième et en cinquième. Contrairement aux idées reçues, toutes ces réformes avaient été conçues avant Mai 68. En revanche, la présence, dans les conseils de classe, de représentants des parents et de délégués des élèves, était une avancée d'inspiration purement soixante-huitarde.

Fillette dégourdie ayant atteint le stade sadique-oral sans l'aide d'aucun psychanalyste.

Avortement et pilule contraceptive, même combat : au début des années 1970, l'un est interdit, l'autre pas encore commercialisée en France...

Le manifeste des 343

En 1967, le Parlement français a voté la loi Neuwirth, qui autorise la pilule contraceptive. Mais quatre ans plus tard, cette loi reste lettre morte, faute de décret d'application. Des centaines de milliers de femmes parviennent tout de même à se faire prescrire la pilule sous un prétexte médical. Mais, officiellement, il est toujours interdit de l'utiliser comme contraceptif. Quant à l'avortement, il est passible d'une peine de prison.
C'est dans ce contexte que, le 5 avril 1971, l'hebdomadaire Le Nouvel Observateur *publie un manifeste signé par 343 personnalités féminines, dont Simone de Beauvoir, Gisèle Halimi, Jeanne Moreau et Catherine Deneuve. Elles y affirment : « Un million de femmes se font avorter chaque année en France. Elles le font dans des conditions dangereuses en raison de la clandestinité à laquelle elles sont condamnées. [...] Je déclare que je suis l'une d'elles. Je déclare avoir avorté. »*
Cette pétition en forme de défi est surnommée le « Manifeste des 343 salopes » par Cabu – qui soutient l'initiative – dans Charlie Hebdo*. Elle pousse le gouvernement à prendre conscience du fait que l'illégalité de la contraception a pour effet de multiplier les avortements clandestins. Le 8 mars 1972, les textes réglementaires permettant l'application de la loi de 1967 sont enfin publiés. La même année, un nouveau manifeste, signé par 331 médecins, réclame le droit à l'avortement. La loi sur l'interruption volontaire de grossesse sera votée en décembre 1974, sous l'impulsion de Simone Veil, ministre de la Santé.*

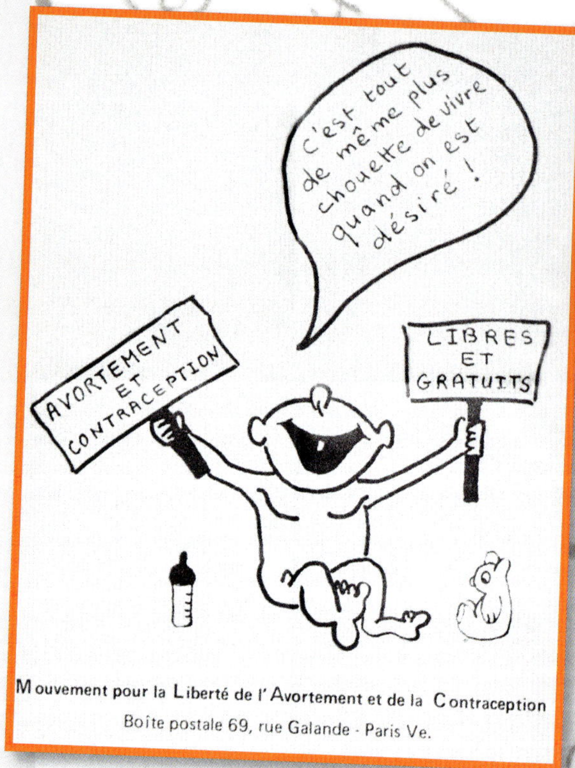

Les Shadoks pompaient

En 1970, plus de deux familles françaises sur trois avaient un poste de télévision. Mes parents regardaient alors sur leur petit écran de drôles de personnages animés, dont le langage à peine articulé faisait penser aux gazouillis de ma petite sœur. Ces oiseaux appelés « Shadoks » s'exprimaient exclusivement à l'aide de quatre syllabes : « ga », « bu », « zo » et « meu ». La série semblait venue d'une autre planète, tout comme ses personnages, et son humour absurde eut des effets surprenants.

Le premier épisode des « Shadoks » avait été diffusé moins d'une semaine avant le grand chahut de Mai 68. Par la suite, la France fut coupée en deux, et l'ORTF reçut des milliers de courriers de téléspectateurs dont la lecture à l'antenne fit l'objet d'une seconde émission, présentée par l'humoriste Jean Yanne. Une moitié des téléspectateurs était consternée par les inventions farfelues du professeur Shadoko et scandalisée par le graphisme de la série, assimilé à un gribouillis enfantin. Ils jugeaient atterrantes les élucubrations insensées de Claude Piéplu, narrateur imperturbable qui débitait chaque soir des histoires extravagantes où il était question d'œufs en fer d'où les oisillons Shadoks sortaient à l'état de vieillards après avoir attendu patiemment que la coquille finisse par rouiller, ou d'une planète instable qui pivotait sous le poids d'une population de Gibis à chapeau melon. L'autre moitié de la France applaudissait, voyant des paraboles subversives dans les évocations d'une planète Terre ravagée par l'insecte Gégène, de la « pilule à repopuler », ou de la « pompe à Cosmogol 999 » dont la puissance atteignait 3 millions de shadoks-vapeur…

Apparus juste avant Mai 68, les Shadoks vont couper la France en deux.

Dans sa berceuse *Fais dodo mon petit loupiot*, Jean Ferrat évoque l'affaire du talc Morhange.

Mort aux anges

Lorsque ma petite sœur eut 2 ans, un grand scandale éclata en France. Des bébés mouraient ici et là, victimes d'un mal mystérieux. On finit par comprendre qu'ils avaient été empoisonnés par du talc frelaté. Les mères découvrirent avec horreur qu'elles pouvaient tuer leur enfant en lui poudrant les fesses. L'affaire du talc Morhange provoqua une immense émotion. La mort de trente-six bébés et les lésions infligées à des centaines d'autres n'étaient pas la seule raison de cette psychose. Le nom de la marque

Morhange lui-même était perçu comme un jeu de mots cynique : la mort des petits anges avait été programmée par des capitalistes sans scrupules, abjects rapaces au cœur de pierre qui ne songeaient qu'à accroître leurs profits. Comble d'ironie, la société qui produisait le talc maudit s'appelait Givaudan, nom qui, dans l'inconscient collectif, évoquait la mystérieuse bête du Gévaudan. Son action maléfique fut stigmatisée dans une chanson de Jean Ferrat où les nouveaux-nés portaient « des langes enfarinés » pour « engraisser monsieur Morhange ».

En réalité, il n'existait aucun « monsieur Morhange », et le complot capitaliste contre les bébés n'avait jamais existé. L'empoisonnement était dû à une erreur de manipulation dans un recoin d'atelier, où un ouvrier myope avait confondu de la poudre toxique avec du talc.

Rien de tel qu'un deux-roues pour emballer les filles.

Croisière automobile

À partir de 1971, notre petite famille partit chaque été en vacances sur la côte Atlantique. Le départ avait lieu le vendredi soir, après la sortie du travail. Mes parents nous allongeaient, ma sœur et moi, dans le coffre de la Renault 6. Quand la voiture démarrait, nous étions couchées sur des mate-

La vie au grand air, ça décoiffe !

Quelques mois avant le retrait des troupes américaines du sol vietnamien, on découvre que le Cambodge voisin a été ravagé par des bombardements opérés secrètement.

las pneumatiques et pelotonnées dans nos duvets. Bercées par le roulis du véhicule, nous avions déjà un avant-goût du camping. Et tandis que nous dormions comme des loirs, mon père tenait le cap toute la nuit pour rejoindre la mer. Nous arrivions au petit matin dans un camping familial qui comportait une cinquantaine d'emplacements.

Après une bonne nuit dans notre coffre-couchette, ma sœur et moi étions en pleine forme. Mais nos parents, exténués, devaient encore planter la tente et s'occuper de notre petit-déjeuner, avant d'affronter une journée au grand air durant laquelle nous n'allions pas les laisser fermer l'œil. La plage était à cent mètres, et nous avions rendez-vous avec la liberté.

Vietnam : the end

Depuis le débarquement des premiers Marines en 1965, les États-Unis sont massivement engagés dans le conflit du Vietnam, où ils tentent de protéger le Sud contre l'offensive des forces communistes du Nord. Cette guerre meurtrière a provoqué une agitation grandissante au sein de la jeunesse américaine, et douze universités se sont mises en grève en mai 1968. En 1969, on apprend que l'armée américaine a commis un an plus tôt, à My Lai, l'un des plus grands massacres de civils de son histoire (au moins 347 morts). Un autre scandale est révélé trois ans plus tard, en décembre 1972 : le conflit a été étendu au Cambodge, dans le plus grand secret.

Pendant près de quatre ans, sans aucune autorisation du Congrès, des B52 ont écrasé sous les bombes ce pays voisin du Vietnam, à l'insu des médias et de la justice américaine. Ces opérations, entamées dès le printemps 1969, avaient pour but d'éliminer les bases communistes vietnamiennes en territoire cambodgien. Décidées par Richard Nixon et son secrétaire d'État Henry Kissinger, elles ont causé la mort de centaines de milliers de Cambodgiens et ont précipité une partie de la population dans les bras des Khmers rouges, qui finiront par prendre le pouvoir en 1975. Entre-temps, les accords de Paris, signés le 27 janvier 1973, auront mis fin à la guerre du Vietnam.

1972-1976
L'imagination au pouvoir

Dans la lune, comme Pierrot.

Le Père Noël est démasqué

À l'approche des fêtes de fin d'année, nos parents nous invitaient à écrire au Père Noël. Ils nous conseillaient efficacement sur les jouets les plus susceptibles d'être livrés par l'homme à la barbe blanche, et nos commandes étaient honorées chaque année. Malgré la grande fiabilité du Père Noël, ainsi démontrée, j'avais des doutes sur ces histoires de traîneau tiré par

Chronologie

30 janvier 1972
Bloody Sunday à Londonderry, en Irlande du Nord : quatorze manifestants catholiques sont tués par l'armée britannique.

5 septembre 1972
Une prise d'otages opérée durant les JO de Munich se termine par la mort de onze athlètes de la délégation israélienne.

8 février 1973
Le Sénat américain crée une commission d'enquête sur l'affaire du Watergate, scandale qui aboutira à la démission de Richard Nixon.

5 avril 1973
Brigitte Bardot met fin à sa carrière cinématographique.

11 septembre 1973
Coup d'État au Chili : près de 250 000 personnes sont contraintes à l'exil.

6 octobre 1973
Déclenchement de la guerre du Kippour.

17 octobre 1973
Les pays arabes producteurs de pétrole réduisent leurs exportations, provoquant une flambée du prix des carburants.

2 avril 1974
Mort de Georges Pompidou.

25 avril 1974
Révolution des Œillets au Portugal.

9 août 1974
Démission de Richard Nixon.

20 décembre 1974
Vote de la loi Veil autorisant l'IVG.

13 avril 1975
Au Liban, début d'un conflit opposant les Phalanges chrétiennes à des milices palestiniennes.

17 avril 1975
Prise de Phnom Penh par les Khmers rouges.

30 avril 1975
Chute de Saigon et fin de la guerre du Vietnam.

20 novembre 1975
Mort du général Franco, dernier dictateur d'Europe de l'Ouest.

12 mai 1976
Les Verts de Saint-Étienne échouent face au Bayern de Munich en finale de la coupe d'Europe de football.

9 septembre 1976
Mort de Mao Zedong.

Artaban, roi des Parthes, n'était pas aussi fier.

un attelage de rennes, de hotte de vendangeur et de passage en secret par la cheminée.

Un jour, à l'approche de la grande fête, je me mis à fouiller chaque recoin de l'appartement et finis par découvrir, au fond de l'armoire de mes parents, une pile de paquets-cadeaux. Telle une détective, je pris soin de les compter et d'en noter la couleur, mais je m'abstins de dévoiler le secret à ma petite sœur. Le matin de Noël, l'hypothèse que j'avais échafaudée fut confirmée : le même lot de paquets s'était retrouvé sous le sapin. Mon père eut vent de ma découverte et, par la suite, il prit la précaution d'entreposer les cadeaux à la cave. Il savait que, malgré ma curiosité, je ne risquais pas de m'y aventurer : j'avais une peur bleue des araignées qui peuplaient ce lieu sinistre.

Le premier choc pétrolier de 1973 va faire la fortune des pays arabes.

1973 : le pétrole flambe

Depuis la guerre des Six Jours, qui s'est terminée en 1967 par une victoire israélienne et l'occupation des territoires palestiniens ainsi que du désert du Sinaï et du plateau du Golan, les voisins de l'État hébreu préparent leur revanche. En octobre 1973, les armées égyptienne et syrienne lancent une offensive le jour de la fête du Grand Pardon (Yom Kippour). Malgré de lourdes pertes, Israël contre-attaque et finira par mettre en déroute les armées arabes. Mais, alors que les combats se poursuivent et que l'issue en est encore incertaine, l'Organisation des pays exportateurs de pétrole (OPEP) décide de sanctionner les alliés d'Israël en décrétant un embargo. Si les États-Unis sont les premiers visés, ils sont moins touchés que l'Europe, car moins dépendants. Mais Rotterdam, principal port pétrolier européen, cesse d'être approvisionné, et les Pays-Bas sont paralysés. La France a beau être relativement épargnée par le premier choc, elle doit ensuite faire face à une hausse brutale et durable du prix du pétrole. L'OPEP, en réduisant ses livraisons de 5 %, a réussi à provoquer une augmentation de 300 % du prix du baril. Ce choc pétrolier déclenche une crise économique mondiale.

En France, le gouvernement de Pierre Messmer réagit en construisant davantage de centrales nucléaires. Puis, celui de Jacques Chirac instaure l'heure d'été, qui permet d'économiser un supertanker de pétrole chaque année. Par ailleurs, on encourage les consommateurs à utiliser moins d'énergie avec le slogan : « En France, on n'a pas de pétrole mais on a des idées. » La télévision diffuse également des spots sur la chasse au « Gaspi », un drôle d'animal fuyant dont le crâne est prolongé par un entonnoir.

Ces séances de torture qu'on appelait « soins dentaires ».

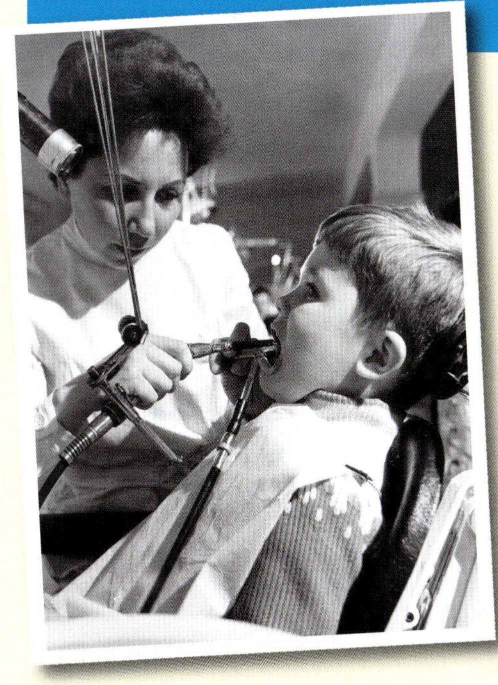

Chaise électrique

Parmi nos jouets préférés figuraient les Lego. À l'aide de ces petites briques magiques, je bâtissais quantité d'édifices. Je les peuplais de minuscules personnages en plastique, que m'offrait ma dentiste à chaque fois que je subissais ses assauts sans trop pleurer ni hurler.

Malgré une longue pratique de ce supplice, j'étais aussi à l'aise sur le fauteuil qu'une condamnée à mort sur la chaise électrique. D'autant que la dentiste prenait un malin plaisir à faire longuement grésiller sa roulette avant de l'introduire entre mes dents. Un jour, elle trouva le moyen de me couper la langue avec son engin. Je hurlai de douleur, et mes mâchoires eurent un réflexe vengeur que je me gardai bien de réprimer : elles se plantèrent profondément dans la main de la tortionnaire. Celle-ci m'expulsa *manu militari* de son cabinet, et c'est ainsi que prit fin notre pénible fréquentation.

Avec la cousine, nous formons un trio de choc que je dirige.

Méthode syllabique

Au cours préparatoire, notre premier livre de lecture s'appelait *Mico mon petit ours*. On y trouvait les enfants Bruno et Mylène, ainsi que leur chien Capi. Les dessins de l'illustratrice hollandaise Gerda Muller montraient Mylène avec de belles tresses blondes de Walkyrie. La méthode syllabique régnait alors en maître, et les murs de notre classe étaient tapissés de lettres géantes formant des « b-a-ba » et des « t-u-tu ». Nous n'étions pas loin des « ga-bu-zo-meu » de nos chers Shadoks.

Nous arrivions après la génération des porte-plumes et des encriers. À nous les instruments modernes tels les stylos à plume et à bille, autorisés dans les écoles françaises depuis 1965. À partir du cours élémentaire, nous eûmes le privilège de suivre une initiation à l'anglais, avec des diapositives. À la suite de cette expérience menée dans quelques classes pilotes, l'Éducation nationale concluerait, dans un rapport daté de 1974, qu'elle n'avait pas les moyens de généraliser l'enseignement précoce des langues vivantes, faute d'enseignants formés.

Si notre école était à l'avant-garde par certains aspects, elle s'appuyait encore sur les traditionnels « bons points », dont l'accumulation permettait d'obtenir des « billets de satisfaction ». Et pour les cancres, les punitions restaient de mise : les enseignants n'hésitaient pas à tirer les oreilles ou à asséner sur les doigts des coups de règle en fer.

Une histoire de Bébé lapin

En 1973, ma jeune sœur n'avait que 3 ans, ce qui me permettait de continuer à profiter des privilèges de la petite enfance. Tous les soirs, à l'heure du coucher, Maman venait dans notre chambre et nous lisait un extrait de l'album *Une histoire chaque soir* d'Édith Vincent. Nous aimions particulièrement celle datée du 22 avril, pleine de fraîcheur malgré son titre équivoque : « Bébé lapin n'a pas la queue propre ». L'Éducation nationale venait d'ailleurs d'introduire l'éducation sexuelle à l'école, mais demeurait timide : une circulaire de 1973 précisait qu'en la matière, « un rôle essentiel [devait] revenir aux familles ».

Notre histoire favorite commençait par un gaillard « Bébé lapin, viens que je te lave la queue. » Mais contrairement à ce que l'on aurait pu penser, il n'était question ni de gonocoques, ni de *phtirius inguinalis* (également appelé « pou du pubis » ou, plus communément, « morpion »). Vu notre jeune âge, nous ignorions tout de ces fléaux et l'auteure du livre était visiblement aussi innocente que nous. Aussi, lorsque son Bébé lapin s'entendait dire « Lève ta queue et agite-la » (*sic*), il ne fallait pas y voir l'invitation hardie d'une copine délurée, mais simplement le conseil d'une maman à son petit sur la conduite à tenir en cas de danger. La queue dressée et agitée « comme un drapeau blanc » constituait en effet le signal d'alarme des lapins, raison pour laquelle la blancheur de l'appendice était indispensable à la survie de l'espèce.

À cet âge, les garçons deviennent cow-boys, Peaux-Rouges ou chevaliers.

UN VRAI PRÉSIDENT

Giscard à la barre

Lors de l'élection présidentielle de 1974, Valéry Giscard d'Estaing apparaît comme un homme neuf, bien qu'il ait été ministre de nombreuses fois dans les gouvernements du général de Gaulle, puis de Georges Pompidou. Mais il est encore jeune (48 ans) et se donne une image dynamique, voire populaire, en participant à des matchs de football.
De plus, le public apprécie ses talents de pédagogue : ministre des Finances, il a pris l'habitude d'expliquer aux Français les dessous de la crise et les grandes lois de l'économie au cours de causeries télévisées.
Au second tour de l'élection, il affronte François Mitterrand, candidat de l'Union de la gauche. Dans un face-à-face télévisé, il lui assène une formule qui fera mouche – « Vous n'avez pas le monopole du cœur » – et contribuera à sa courte victoire (50,5 % des voix).
Durant les deux premières années de son septennat, il donne le sentiment d'appliquer le programme de son adversaire : abaissement de l'âge de la majorité à 18 ans, légalisation de l'avortement, création d'un secrétariat d'État aux droits des femmes. Mais en 1976, il rompt avec son Premier ministre Jacques Chirac pour le remplacer par un économiste alors inconnu du grand public, Raymond Barre.
Celui-ci appliquera une politique d'austérité pour combattre le chômage et l'inflation. Valéry Giscard d'Estaing voit alors sa popularité décliner, d'autant que son goût pour les safaris l'a amené à entretenir des relations ambiguës avec Jean-Bedel Bokassa, dictateur de Centrafrique devenu empereur.
La chute de Bokassa, accusé d'infanticide et même d'anthropophagie, empoisonne la fin du mandat de Giscard. Lorsque Le Canard enchaîné *révèle que des diamants lui ont été offerts par le tyran de Bangui et qu'il les a acceptés sans plus de cérémonie, son honneur est atteint et sa réaction, aussi maladroite qu'arrogante, contribuera à sa défaite à l'élection de 1981.*

Malgré son slogan incroyablement tarte, Giscard remporte l'élection de 1974.

À ses débuts, le poussin Calimero était l'emblème d'une marque de lessive.

Le poussin lessivé

Nos parents ne nous permettaient pas de regarder la télévision la veille des jours d'école, mais, avant d'aller au lit, nous avions droit à « Bonne nuit les petits ». La voix profonde et rassurante de Nounours nous apaisait, et la poussière d'étoiles lancée par le marchand de sable nous préparait à succomber bientôt au sommeil. Le mercredi après-midi, nous regardions le dessin animé « Aglaé et Sidonie ». L'héroïne en était une charmante truie

Et quand la télé nous ennuie, nous faisons du théâtre.

dont l'ennemi, le renard Croquetout, nous faisait horreur. Plus tard, nous avions rendez-vous avec Casimir, le joyeux dinosaure de « L'Île aux enfants », dont chaque main ne comportait que quatre doigts et qui se nourrissait principalement de gloubi-boulga.

Un autre de nos personnages favoris était Calimero, poussin noir coiffé d'un morceau de coquille, qui lançait à tout propos : « C'est trop inzuste. » L'oisillon avait de quoi se lamenter, car son duvet couleur charbon lui valait bien des avanies. C'est pourquoi il fut refusé par les réseaux de télévision des États-Unis, où la communauté noire n'aurait pas supporté une telle injustice. Le personnage de Calimero avait été inventé par un marchand de lessive italien et, dans les tout premiers épisodes, la poudre à récurer servait à lui rendre sa couleur naturelle, aussi jaune que celle de ses congénères.

Plus grande, je contournais l'interdiction de regarder des films à la télévision en m'échappant de ma chambre, la nuit, pour la regarder depuis le couloir. Le nez collé à la porte vitrée qui donnait sur le salon, je voyais les images mais n'entendais pas le son, ce qui m'obligeait à faire travailler mon imagination.

Fantômette et le tondeur de rat

Nos premiers romans furent ceux de la Bibliothèque rose. Nous lisions *Le Club des cinq* d'Enid Blyton et la série « Fantômette » de Georges Chaulet. J'avais un faible pour cette justicière intrépide qui portait un masque, un bonnet à pompon et une cape rouge et noire. Cela lui suffisait pour affronter les individus les plus redoutables, dont le pire était le comte de Maléfic,

On n'a pas encore remisé les peluches.

surnommé Le Masque d'argent. Pour mener à bien leurs projets destructeurs, les ennemis de la jeune justicière inventaient des engins toujours plus audacieux : dinosaure mécanique, torpille nucléaire, ballon dirigeable invisible... Fantômette finissait toujours par vaincre ces personnages malfaisants et les livrer à la police. Mais à peine incarcérés, ils réussissaient systématiquement à s'évader, les prisons françaises étant alors de lamentables passoires.

Un autre de ses adversaires était un malfrat surnommé Le Furet. Ce chef de bande allait de capture en

Enid Blyton, héroïne de la jeunesse par-delà les générations.

cavale, aidé de son homme de main, le dénommé Bulldozer, brute répugnante qui ne se lavait qu'une fois par an, et d'un certain prince d'Alpaga aux allures de dandy. Ce titre aristocratique était totalement usurpé, le « prince » n'étant qu'un modeste immigré italien, « fils d'un tondeur de rats et d'une marchande de trognons de pommes ».

La grande sécheresse

En 1976, les nuages se mettent en grève. La moitié nord de la France connaît le printemps le plus sec depuis plus d'un siècle. À Paris, de décembre 1975 à juin 1976, le niveau des pluies est inférieur de 60 % à la moyenne. La récolte de céréales en France est divisée par deux, et le Premier ministre Jacques Chirac décide de lever un « impôt sécheresse » pour indemniser les agriculteurs sinistrés.

Bella contre Barbie

En décembre 1976, je partis en classe de neige pendant trois semaines avec mes camarades du CM2. Je parvins à décrocher ma première étoile, début d'une carrière de skieuse qui m'amena jusqu'à la Fléchette, premier échelon de la classe « compétition » en slalom géant.

On fêta mon dixième anniversaire durant ce séjour, et je reçus de mes parents une poupée Bella.

Cathie, de chez Bella, une poupée mannequin « *made in France* ».

Pas besoin de poupée pour attraper des grenouilles.

Ce fut ma première poupée mannequin. Les Bella étaient de bonnes petites françaises, fabriquées à Perpignan. C'étaient sans doute elles qui avaient inspiré la chanson de Georges Brassens, « Je m'suis fait tout p'tit devant un' poupée / Qui ferm' les yeux quand on la couche / Je m'suis fait tout p'tit devant un' poupée / Qui fait Maman quand on la touche. »

Mais pendant les années 1970, les Bella, trop sages et trop honnêtes, subirent la concurrence de l'Américaine Barbie, qui finit par imposer partout sa silhouette de poupée gonflable. Les Tressy et Cathie de chez Bella eurent beau marcher, parler, pleurer et enfanter des bébés en mousse, elles disparurent dans les années 1980. Pendant ce temps, Barbie engrangeait des milliards de dollars et obtint la consécration suprême : son interdiction par la police religieuse d'Arabie saoudite, qui lui attribua des origines juives et la taxa de « symbole de la décadence de l'Occident perverti ».

1977-1980

Les quatre cents coups

Malgré nos nombreuses bêtises à l'école, on nous donne le bon Dieu – avec confession.

Miss Camping

À l'été 1977, comme chaque année, nous partîmes en vacances au bord de la mer, dans un camping qui avait pour tradition d'élire sa miss. Le règlement de ce concours loufoque bannissait toute espèce de finesse ou de bon goût, ce qui garantissait le triomphe de candidates plus grasses que gracieuses, mais dont les formes

Chronologie

18 octobre 1977
Mort d'Andreas Baader et de deux de ses complices de la Fraction armée rouge (RAF) à la prison de Stuttgart-Stammheim. Dès le lendemain, Hans Martin Schleyer, responsable de plusieurs organisations patronales allemandes, enlevé par la RAF, est assassiné.

11 mars 1978
Mort de Claude François.

13 mars 1978
En Italie, enlèvement du leader démocrate-chrétien Aldo Moro, qui sera exécuté deux mois plus tard par les Brigades rouges.

16 mars 1978
Naufrage de l'*Amoco Cadiz*, qui provoque la pire marée noire jamais vue en France.

17 mars 1978
Le massacre de plusieurs dizaines d'Européens dans la ville minière de Kolwezi au Zaïre provoque l'intervention des parachutistes français, qui mettent en déroute des rebelles venus d'Angola, et sauvent le régime du maréchal Mobutu.

16 octobre 1978
Le cardinal polonais Karol Wojtyla est élu pape sous le nom de Jean-Paul II.

17 décembre 1978
Signature à Camp David des accords de paix entre Israël et l'Égypte.

25 décembre 1978
Les troupes vietnamiennes envahissent le Cambodge et renversent le régime des Khmers rouges.

11 février 1979
Arrivée au pouvoir de l'ayatollah Khomeiny, leader de la révolution islamique iranienne.

2 novembre 1979
Jacques Mesrine est abattu à Paris par les hommes du commissaire Broussard.

27 décembre 1979
Début de l'intervention militaire soviétique en Afghanistan.

14 août 1980
Les ouvriers des chantiers navals de Gdansk, en Pologne, se mettent en grève sous la conduite de Lech Walesa.

22 septembre 1980
Début de la guerre Irak-Iran.

8 décembre 1980
John Lennon est assassiné à New York par un déséquilibré.

Miss camping ou la foire aux jambons...

généreuses étaient exhibées avec un bel enthousiasme.

Les parties de belote et de pétanque avaient fini par souder les adultes : à chaque repas, on rassemblait les petites tables de camping de chacun pour former de joyeux banquets autour d'un barbecue. Les apéritifs étaient interminables, ce qui n'arrangeait pas vraiment les enfants. Nous obtînmes donc de manger à part et « à notre rythme ». Ce qui revenait à engloutir notre repas en quelques minutes avant de repartir vers nos jeux comme une volée de moineaux.

Plus tard, nous retrouvions les adultes pour animer leur soirée façon cabaret : nos chers parents étaient toujours à table. Ils en prenaient alors pour leur grade, notre spectacle

L'apéro, un marathon digne des Jeux olympiques.

consistant essentiellement en des imitations de leurs petits travers. Tout le monde s'esclaffait, y compris les premiers visés, même si leurs rires étaient parfois aussi jaunes que le pastis de l'apéritif.

Clo-Clo « a volté »

Claude François, notre chanteur préféré.

Le clou de ces soirées passées au camping était notre spectacle de chansons. Il s'agissait encore d'imitations, mais cette fois, notre modèle était Claude François. Faute de garçons à notre goût, c'était le plus souvent l'une d'entre nous qui jouait le rôle de l'idole bondissante. Elle entonnait *Le Lundi au soleil* ou *Cette année-là*, tandis que nous nous trémoussions derrière, vêtues de maillots de bain pour imiter les Clodettes et leurs strings à paillettes. Cette année-là, notre passion pour Clo-Clo était à son comble. Nous lisions le journal *Podium*, qu'il avait repris en 1972, nos chambres étaient tapissées de posters à son effigie, et nous connaissions ses chansons par cœur.

Le 11 mars 1978, j'étais avec mes parents quand nous avons appris à la télévision l'affreuse nouvelle de son électrocution. J'avais onze ans et demi et je me mis à pleurer comme le téléphone de sa chanson. C'était trop bête, cette histoire d'ampoule et de salle de bains. Notre Clo-Clo avait pourtant déjà eu à plusieurs reprises l'occasion de tirer sa révérence avec panache : l'année précédente, il avait échappé à des malfrats énervés par sa conduite, qui l'avaient poursuivi sur l'autoroute et avaient tiré sept balles sur sa Mercedes. En 1975, à Londres, des membres de l'IRA avaient fait exploser une bombe dans son hôtel, et il avait été sauvé par une femme qui se trouvait par hasard juste devant lui.

Le 11 mars 1978, les méchants et les jaloux qui s'étaient déjà tant moqués de notre idole tout au long de sa carrière, ne se gênèrent pas pour ricaner de plus belle. Profitant du contexte des élections, le quotidien *Libération* titra : « Claude François a volté ». Plus tard, l'horrible chansonnier Patrick Font alla encore plus loin : « Merci EDF. Pour une fois qu'un service public rend service au public ! » J'en pleure encore.

Les Clodettes, aussi dynamiques que sexy, ont contribué au triomphe de Clo-Clo.

Janvier 1979 : les foules iraniennes vont porter au pouvoir l'ayatollah Khomeiny.

Iran : la première révolution islamique

À partir de 1977, l'Iran est en ébullition. Le shah, empereur autoproclamé qui a succédé à son père (lui-même auteur d'un coup d'État en 1921), est de plus en plus impopulaire. Il a voulu faire de l'Iran un pays moderne et laïc en réprimant toute forme d'opposition grâce à une police politique impitoyable, la Savak. Si, parmi les adversaires de son régime, on trouve au départ aussi bien des religieux que des laïcs, après l'assassinat à Londres de l'opposant laïc le plus en vue, Ali Chariati, ce sont les religieux qui occupent le devant de la scène. Leur leader, l'ayatollah Khomeiny, vit en exil en Irak depuis plus de dix ans. Contraint de quitter ce pays sous la pression des autorités, il s'installe en France, à Neauphle-le-Château. Ses prêches enregistrés sur cassettes audios appellent le peuple iranien à la révolte. L'année précédente, la répression d'une manifestation en sa faveur, dans la ville sainte de Qom, a déjà fait soixante-dix morts. À partir de 1978, les marches de protestation se succèdent et sont réprimées dans le sang.

Chapour Bakhtiar, un militant laïc qui a combattu dans les Brigades internationales pendant la guerre d'Espagne avant de participer à la libération de la France, redoute une prise du pouvoir par les religieux. Malgré son aversion pour un régime qui lui a fait subir de longues années de prison, il accepte le poste de Premier ministre et persuade le shah de quitter le pays. Mais il ne parviendra pas à empêcher le triomphe de l'ayatollah Khomeiny. Celui-ci instaure une république islamique où des « gardiens de la révolution » fanatisés multiplient les assassinats. Dès lors, l'islam radical prend une nouvelle dimension à travers le monde. La révolution iranienne va inspirer pendant plus de trente ans de nombreuses « guerres saintes » au Liban, en Afghanistan, en Algérie, en Tchétchénie, en Palestine et en Irak.

En chantant

En dehors de Clo-Clo, un autre de nos chanteurs préférés était Michel Sardou. Je décryptais ses chansons pour en recopier les paroles sur mes cahiers. Lorsque j'eus 12 ou 13 ans, Maman nous emmena voir un de ses concerts. Le spectacle avait lieu sous un chapiteau et nous étions au quatrième rang. Notre vedette était à portée de main. Elle avait surmonté la crise réactionnaire qui lui avait fait chanter le temps béni des colonies et « Je veux ta mort / Je suis pour ». Sardou avait à peine 40 ans. Il triomphait désormais avec *La Java de Broadway* et *En chantant*.

À la même époque, les soirées cinéma programmées à la télévision nous ramenaient bien souvent une génération en arrière. Nous découvrions les films des années 1950 qui avaient enchanté nos parents lorsqu'ils avaient 20 ans : *Fanfan la Tulipe* avec Gérard Philippe, ou *Christine* avec Alain Delon et la belle Romy Schneider, alors elle-même âgée de 20 ans.

Heureusement qu'on est là pour surveiller les grands !

Manœuvres électorales

Aux élections municipales de 1977, mon père était candidat sur une liste d'opposition. Il m'emmenait avec lui lors de la distribution des professions de foi. Nous avions une stratégie bien rodée, dans laquelle je jouais un rôle clé. Nous laissions d'abord les candidats de la majorité faire leur propre

Un bureau de vote dans les années 1970 : la France profonde est encore effrayée par l'aventure « socialo-communiste ».

tournée. Puis, j'entrais en scène, et plongeais ma petite main dans la fente des boîtes aux lettres pour en retirer les tracts de nos adversaires. Nous remplacions cette propagande réactionnaire par notre propre programme, résolument progressiste et seul capable de sortir la commune de l'ornière dans laquelle elle croupissait.

Le jour de l'élection, mon père tenait l'un des bureaux de vote : à l'heure du dépouillement, il fut horriblement déçu. Les électeurs avaient reconduit la même équipe à la tête de la municipalité. Nous étions d'autant plus dépités que, cette année-là, une lame de fond avait porté au pouvoir des listes issues de l'Union de la gauche dans les deux tiers des villes de plus de 35 000 habitants. Notre commune, qui ne comptait que 5 000 âmes, restait ancrée dans cette France profonde qu'effrayait encore l'aventure « socialo-communiste ».

Accident de brouette

Nous passions beaucoup de temps chez nos grands-parents. Il nous arrivait d'y jouer à la brouette. L'une de nous avançait sur les mains, les jambes soulevées par une autre, tandis que la troisième stimulait l'attelage en l'encourageant. C'était à qui tiendrait le plus longtemps.

Lorsque vint le tour de ma jeune sœur, celle-ci parcourut quelques mètres sur les mains, puis s'affaissa brusquement, heurtant le sol avec son épaule. Elle hurla de douleur, puis pleura comme une Madeleine. Nous ne tardâmes pas à découvrir qu'elle s'était cassé la clavicule. Impossible d'avouer une telle catastrophe aux grands-parents, qui se seraient immédiatement sentis coupables. Nous décidâmes de taire l'incident et d'annoncer, mine de rien, que nous rentrions chez nos parents. Puis nous inventâmes le scénario qui allait nous tirer d'affaire : alors que nous marchions sagement sur le trottoir, de retour de chez nos grands-parents, un homme en survêtement qui effectuait son « footing » (le « jogging » n'existait pas encore à l'époque) avait soudain surgi devant nous et involontairement bousculé la petite sœur, la poussant contre un panneau indicateur. C'est ainsi qu'elle s'était fracturé l'os. Nous corsâmes l'histoire en prétendant que l'odieux sportif avait poursuivi sa course, ignorant nos cris. Cette histoire de non-assistance à personne en danger était assez crédible pour convaincre nos parents. Elle nous permit de garder le lourd secret de la brouette pendant plus de dix ans.

Non-assistance

C'est à croire que les menteuses et les prophétesses de malheur sont punies par là où elles ont péché. Un beau matin, alors que je me rendais au collège à vélo avec une camarade, elle tenta de me dépasser au moment où

Nos tentatives de transgression n'impressionnent plus personne. Ici, Louis Malle sur un tournage.

nous franchissions un pont. Son sac, fixé sur son porte-bagages, accrocha le mien : mon vélo s'en trouva déséquilibré, et je m'étalai au milieu du pont. J'atterris sous un camion qui se trouvait fort heureusement à l'arrêt, bloqué par un embouteillage. Mon vélo avait déraillé, le garde-boue était tordu, et ma tête avait heurté le sol. J'avais des écorchures sur les bras et les jambes, l'arcade sourcilière en sang et la tempe douloureuse. Aucun automobiliste ne se porta à mon secours, pas plus que le camionneur sous le véhicule duquel je me trouvais. J'eus toutes les peines du monde à me relever, puis à franchir le pont en poussant mon vélo tordu. Ma camarade partit au-devant pour annoncer mon retard, car un contrôle nous attendait en classe de français.

Arrivée en piteux état, je demandai à rejoindre l'infirmerie, ce que notre professeur refusa : le contrôle passait avant tout. Je ne tardai pas à flancher, et mon malaise spectaculaire amena l'infirmière à appeler les pompiers, qui me conduisirent dare-dare à l'hôpital en faisant hurler leur sirène. Je restai en observation plusieurs jours, car les médecins redoutaient un traumatisme crânien. Je jubilais, heureuse de la belle leçon que j'avais donnée à cette prof têtue, à ce routier odieux et à tous ces automobilistes minables qui avaient détourné les yeux alors que je gisais sur le sol ! Renaud avait sans doute raison de chanter cette année-là : « Être né sous l'signe de l'Hexagone, / c'est pas c'qu'on fait d'mieux en c'moment. »

Boat people et Khmers rouges

Si les Américains ont quitté le Vietnam dès 1973, la guerre ne s'y est achevée que deux ans plus tard, avec la victoire des communistes du Nord et la réunification du pays. Dans les années qui suivent, on assiste à un exode massif de « Boat people *». Environ un million de personnes, souvent d'origine chinoise, fuient le Sud-Vietnam, entassées sur des embarcations de fortune. Plusieurs dizaines de milliers d'entre elles sont victimes de naufrages ou d'attaques de pirates.*

En France, un groupe d'intellectuels lance en janvier 1979 l'opération « Un bateau pour le Vietnam ». Bernard Kouchner s'enflamme pour cette cause, mais ses camarades de Médecins sans frontières refusent de s'embarquer dans un projet jugé inutilement spectaculaire et peu efficace. L'un d'eux, Xavier Emmanuelli, surnomme l'opération « Un bateau pour Saint-Germain-des-Prés » à cause du soutien qu'y apportent des intellectuels parisiens, dont Jean-Paul Sartre.

Mais L'Île de lumière *finit par prendre le large depuis la Nouvelle-Calédonie. Conçu pour secourir des* Boat people *en mer, le navire servira surtout à soigner des réfugiés entassés sur plusieurs îlots malaisiens, dont celui de Poulo Bidong. En neuf mois, 30 000 personnes auront été secourues. La mission prend fin à Noël, en 1979.*

La même année, l'invasion du Cambodge par les Vietnamiens et la chute des Khmers rouges permettent de découvrir qu'en moins de quatre ans passés au pouvoir, ils ont eu le temps de liquider dans le plus grand secret environ 1 500 000 personnes, soit près du quart de la population.

L'art de se composer une mine innocente.

L'orthographe aux orties

Mes relations avec les professeurs de français ne sortirent pas grandies de cette aventure. Déjà, l'année précédente, une autre enseignante avait eu la bonne idée de me faire redoubler à cause de mes résultats en orthographe, qu'elle jugeait catastrophiques alors qu'ils n'étaient pas plus mauvais que ceux de beaucoup de mes camarades. À cette époque, il suffisait de cinq fautes pour décrocher un zéro en dictée. Alignant fréquemment dix ou vingt fautes, j'étais abonnée au zéro.

Fatiguée de ces notes répétitives et des grimaces qu'elles inspiraient à mes parents lorsque je leur soumettais mes copies, je voulus m'épargner cette corvée. Renonçant à imiter leurs signatures, trop tarabiscotées, j'eus l'idée d'ajouter un « 1 » devant le zéro. Ce « dix » flatteur suscita chez mes parents étonnement et fierté et me valut des encouragements émus. Une fois la copie signée par mes géniteurs, je fis disparaître le « 1 » à l'effaceur d'encre avant de la remettre à ma professeure. La manœuvre était délicate et les bavures, inévitables. Je fus bien entendu démasquée et punie.

Peu à peu se forment les bandes.

Quatre heures de colle

Cependant, la plupart du temps, mes entourloupes passaient inaperçues. Ainsi, lorsque ma mère venait dans ma chambre pour me faire réciter mes leçons, je la bernais grâce à une anti-sèche habilement placée au-dessus de mon lit, juste derrière elle.

Dans le domaine de l'indiscipline, les garçons ne se débrouillaient pas mal non plus. L'un d'eux, dont l'oncle possédait un magasin de jouets, avait lancé la mode du « Pneumatir 500 », un pistolet à billes. Ses camarades mâles en avaient fait l'acquisition les uns après les autres. C'est ainsi que cette bande de goujats bombardait les mollets des filles à longueur de cours et de récréations.

Mais les filles n'étaient jamais en reste. Lors d'une séance de travaux manuels, alors que nous devions nous initier à la cuisine en préparant un gâteau, il nous sembla plus amusant de lancer les œufs qui devaient servir à sa confection sur la tête des surveillants qui arpentaient la cour de récréation. Nous visions trop mal pour atteindre qui que ce fût, mais l'exercice nous valut quatre heures de colle un mercredi après-midi.

Nous réservions une bonne part de notre malice à une professeure d'espagnol, dont les cours nous paraissaient assommants. La classe où elle enseignait étant régulièrement fermée à clé, des petits malins, parmi mes camarades, s'ingéniaient à colmater la serrure avec du chewing-gum. Il devenait alors impossible d'introduire la clé et, à plusieurs reprises, notre pauvre enseignante dut appeler du renfort pour démonter la porte. L'opération prenait suffisamment de temps pour qu'il ne reste plus une minute pour l'espagnol. Et nous échappions au cours en toute impunité.

Mob, mobilité, liberté.

1981-1984

Les grandes expériences

L'heure des amis pour la vie.

Le 10 mai

La gauche au pouvoir ! Le triomphe des « masses populaires » après vingt-trois ans de gouvernements de droite ! Nous allions bientôt devenir la « génération Mitterrand », mais nous ne le savions pas encore et nous ne comprenions pas grand-chose à ce qui arrivait à notre pays. Notre niveau de conscience politique faisait plutôt de nous une « bof génération ».

Chronologie

9 avril 1981
Bobby Sands, militant de l'Armée républicaine irlandaise (IRA) est élu député alors qu'il est en détention. Avec plusieurs de ses camarades, il entame une grève de la faim pour obtenir le statut de prisonnier politique ; il meurt au bout de 66 jours, victime de l'obstination de la « Dame de fer », Margaret Thatcher, chef du gouvernement britannique.

10 mai 1981
François Mitterrand est élu président de la République.

13 décembre 1981
Le général Jaruzelski instaure l'état d'urgence en Pologne, et dissout le syndicat indépendant Solidarité.

2 avril 1982
L'Argentine envahit les îles Malouines et provoque une contre-attaque britannique qui, de duels aériens en batailles navales, se termine par une déroute de l'armée argentine.

4 juin 1982
Lancement du Minitel, ancêtre d'Internet, qui comptera jusqu'à 25 millions d'utilisateurs mais restera limité à la France.

16 septembre 1982
Début des massacres de Sabra et Chatila, au Liban, où les Phalanges chrétiennes exécutent des centaines de réfugiés palestiniens sans que les troupes d'occupation israéliennes interviennent.

30 novembre 1982
Sortie de *Thriller* de Michael Jackson, qui deviendra l'album le plus vendu dans le monde.

5 juin 1983
Yannick Noah remporte le tournoi de Roland-Garros.

31 octobre 1984
Indira Gandhi est assassinée par son garde du corps sikh.

2 décembre 1984
L'explosion de l'usine de pesticides de Bhopal, en Inde, appartenant à la multinationale Union Carbide, provoque la mort de 20 000 personnes. Le PDG de l'usine, recherché par les autorités indiennes, ne sera jamais inquiété.

Difficile d'y voir clair, du haut de nos quatorze ans et demi. Parmi les adultes qui comprennent toujours tout, certains saluaient la victoire de la gauche comme une authentique libération, tandis que d'autres annonçaient l'avènement d'une dictature communiste. Les uns sablaient le Champagne, les autres fonçaient en Suisse avec des valises de billets. La seule chose qui était certaine, c'est qu'une page d'histoire venait de se tourner.

Mais l'Histoire avec un grand « H » n'était pour nous qu'une matière rébarbative, parfaitement incarnée par la professeure qui nous l'enseignait au lycée, une demoiselle austère et vieillotte à l'accoutrement démodé. Si tous ses vêtements auraient mérité une datation au carbone 14, ses chaussures étaient, quant à elles, étonnamment modernes. Hiver comme été, elle portait, avec des chaussettes, d'éternelles sandalettes en plastique aussi horribles qu'incongrues. Lorsque la télévision nous annonçait que François Mitterrand « avait rendez-vous avec l'Histoire », nous imaginions ce jeune premier de 65 ans flirter avec cette vieille fille mal fagotée…

Génération Mitterrand

En remportant l'élection présidentielle le 10 mai 1981, François Mitterrand achève l'une des plus longues traversées du désert qu'ait jamais connue un homme politique français : vingt-quatre ans sans participer au gouvernement. Une pénitence pour celui qui a été onze fois ministre entre 1947 et 1957, avant de devenir le plus ardent opposant au général de Gaulle. Après avoir mis ce dernier en ballotage lors de la présidentielle de 1965, Mitterrand est écarté lors de l'élection suivante, où son absence se traduit par un naufrage de la gauche non communiste (5 % des voix seulement pour Gaston Defferre en 1969). Aux élections présidentielles de 1974, devenu leader du Parti socialiste, il est à nouveau présent au second tour, mais il s'inclinera de justesse, avec plus de 49 % des voix.

Trois ans plus tard, la dynamique qui l'avait porté si près du but paraît compromise : l'Union de la gauche éclate. Mais François Mitterrand décide d'y voir une opportunité plutôt qu'un handicap. Cette rupture va lui permettre d'affaiblir le Parti communiste, et de rallier des électeurs qu'indisposait le « programme commun de gouvernement » négocié avec ce parti encore ouvertement prosoviétique – les principaux dirigeants communistes français avaient applaudi lors de l'invasion de l'Afghanistan à la fin de l'année 1979. Au premier tour de l'élection de 1981, François Mitterrand devance de dix points le candidat communiste, Georges Marchais. Au second tour, il l'emporte avec près de 52 % des voix et le Parti socialiste bénéficie, dans la foulée, d'un véritable raz-de-marée aux élections législatives (36 % au premier tour).

Les premiers mois du septennat de François Mitterrand sont marqués par une période d'euphorie qu'il qualifie lui-même d' « état de grâce ». Le gouvernement de Pierre Mauroy adopte alors les réformes les plus spectaculaires depuis la Libération : abolition de la peine de mort, cinquième semaine de congés payés, retraite à 60 ans, semaine de 39 heures, nationalisation des grandes entreprises, légalisation des radios libres. Mais, après l'ivresse des réformes, vient la gueule de bois : dès 1983, le Premier ministre Pierre Mauroy prend des mesures d'austérité pour redresser les finances publiques.

*Porté au pouvoir en 1981,
François Mitterrand deviendra « Tonton »
et son épouse « Tatie Danielle ».*

Les moniteurs de la colo : plus « destroy », tu meurs…

Tout doigt plongé dans l'eau…

En 1982, mes parents m'envoyèrent en colonie de vacances en Espagne. Peut-être auraient-ils un peu hésité s'ils avaient connu nos moniteurs, adeptes du hard-rock et des groupes Kiss et AC/DC. Ils arboraient un look chevelu et débraillé qu'on appelait déjà « *destroy* » et qui aurait fait frémir n'importe quel adulte. Mais ces épouvantails étaient doux comme des agneaux et nous savions en profiter.

Nous logions dans un internat où l'aile des garçons était interdite aux filles. Il n'en fallut pas davantage pour que nous prenions l'habitude d'y pénétrer en pleine nuit afin d'y commettre quelque forfait. Le plus anodin consistait à répandre du dentifrice sur les cheveux des dormeurs. Lors d'une autre

Des parents heureux.

incursion, animées d'une curiosité toute scientifique, nous tentâmes l'expérience du doigt dans un verre d'eau. Aucun de nos cobayes ne se réveilla pendant nos manipulations, mais tous furent tirés de leur sommeil, un peu plus tard, par une désagréable sensation d'humidité. Tel était en effet le résultat imparable de cette expérience digne d'Archimède : tout dormeur au doigt plongé dans l'eau subit une poussée de fluide corporel qui l'amène à prendre sa vessie pour une fontaine.

Le carnaval, un moment de grand défoulement.

Besoin de liberté

Mon entrée au lycée m'éloigna de la plupart de mes camarades, qu'on avait aiguillés vers des formations professionnelles. Pour eux, cette orientation signifiait la fin de la mixité scolaire : les filles se tournaient « comme un seul homme » vers un CAP de coiffure, tandis que les garçons se bousculaient pour apprendre la mécanique auto. En cette année 1983, la France avait pourtant franchi la barre des deux millions de chômeurs et il aurait été plus judicieux d'éviter les filières saturées et les voies de garage, fussent-elles automobiles.

Au lycée commençaient les choses sérieuses. Quelques camarades inventifs furent surpris en train de fumer des pétards dans les toilettes. Cela suffisait à épouvanter nos parents. Ils ressentaient malgré tout le besoin de nous lâcher la bride et trouvèrent une alliée parmi le personnel du lycée.

Pierrette, assistante des professeurs de physique-chimie, était l'une des rares adultes de l'établissement à nous comprendre. Consciente de notre besoin de défoulement, elle organisait chez elle des fêtes où nous pouvions danser comme des fous sur des morceaux fracassants de Police, The Cure, U2 ou Bruce Springsteen. Aucun parent n'étant en vue, nous ne ressentions guère le besoin de provoquer ou de transgresser – mais nos parents savaient que la présence à la fois bienveillante et vigilante de Pierrette servait de garde-fou.

Notre professeure d'histoire avait un accoutrement incroyable ; cette autre enseignante a tenté de l'imiter à l'occasion du carnaval.

Le cousin et la cousine ont bien grandi.

Le Lagon bleu

En grandissant, je devenais de plus en plus sensible aux beaux garçons. L'un de mes films préférés était *Le Lagon* bleu, sorti en 1981. Dans cette histoire de naufragés, on voyait le joli Christopher Atkins, alors âgé de 19 ans, déambuler tout nu sur une île du Pacifique. J'avais collé un poster de ce jeune éphèbe sur le mur de ma chambre. Dans le film, à la différence

Christopher Atkins et Brooke Shields, les jolis naufragés du *Lagon bleu*.

de sa partenaire Brooke Shields, âgée de 14 ans, dont toutes les scènes de nu étaient doublées, il avait joué lui-même en tenue d'Adam.

Cela n'empêcha pas ces deux mignons petits acteurs d'être traités à égalité, quelques années plus tard, lors des Razzie Awards, une parodie de la cérémonie des Oscars où ils furent nominés tous les deux dans la catégorie « plus mauvais acteurs de la décennie ». Le prix féminin fut décerné à Bo Derek, une blonde surnommée « Beau Derrière », qui s'était illustrée dans *Tarzan, l'homme singe* où elle incarnait… la femme guenon. Quant à Christopher Atkins, s'il échappa aux prix du plus mauvais acteur et de la pire révélation, il décrocha tout de même le prix du plus mauvais second rôle masculin de l'année. Les membres du jury étaient probablement jaloux de ses yeux bleus, de son sourire enchanteur et de ses magnifiques pectoraux.

Sida et sang contaminé

En 1981, des chercheurs américains constatent l'apparition d'une maladie inconnue, qui semble ne frapper que des homosexuels. La presse commence à parler de « cancer gay ». En 1983, le professeur Montagnier, de l'institut Pasteur, isole le virus de l'immunodéficience humaine. On comprend peu à peu que ce nouveau syndrome, baptisé « sida », se transmet par voie sexuelle, quel que soit le sexe des partenaires, mais aussi par le sang ainsi que lors de la grossesse et de l'allaitement. Bien que le danger ait été identifié, les précautions indispensables ne sont pas prises immédiatement et, en France, près de 2 000 hémophiles seront contaminés lors de transfusions sanguines. Le scandale du sang contaminé mènera à l'incarcération de deux responsables du Centre national de transfusion sanguine, tandis que le Premier ministre Laurent Fabius et deux de ses ministres seront relaxés ou dispensés de peine par la Cour de justice de la République.

Chanteur enragé

Nous n'admirions pas que des blondinets au corps de rêve. L'un de nos chanteurs préférés était Daniel Balavoine, artiste engagé, voire « enragé », qui ne manquait pas une occasion de dénoncer l'injustice, la misère ou la méchanceté. En 1983, il avait découvert la « vraie » Afrique en participant au

Daniel Balavoine, chanteur révolté par l'injustice, la misère, la famine et la guerre.

rallye Paris-Dakar : « Lorsqu'on voit au détour d'un village un môme à quatre pattes en train de ramasser des mouches pour les manger, il n'y a plus rien à dire. » Son sentiment de révolte lui avait alors inspiré un album intitulé *Loin des yeux de l'Occident*.

L'année suivante, le jour où près de trois cents Casques bleus avaient été tués dans l'explosion de deux camions piégés à Beyrouth, il avait piqué une grosse colère en direct à la télévision. Son frère faisait partie du contingent français et avait échappé aux attentats, mais Balavoine avait explosé : « J'emmerde les anciens combattants. On a autre chose à foutre que de s'occuper des anciennes guerres. Le jour des commémorations, on ferait mieux de manifester contre les guerres qu'il y a actuellement ! Si mon frère pouvait m'entendre, je lui dirais de revenir parce qu'on lui dit qu'il va là-bas pour la paix, et ce sont des mensonges ! » Mon père et ses camarades de la Fédération des anciens combattants d'Algérie n'avaient pas tellement apprécié qu'on les « emmerde » de cette façon, en direct à la télévision.

1984 : chorégraphie sur *Thriller* de Michael Jackson à la fête du lycée.

Aux élections européennes de 1984, le Front national obtient plus de 10 % des voix.

« Touche pas à mon pote » contre « Les Français d'abord »

En 1984, le Front national, parti considéré dans les années 1970 comme un groupuscule d'extrême droite, fait campagne contre l'immigration. Le slogan « Les Français d'abord » lui permet d'obtenir près de 11 % des voix aux élections européennes. Son leader, Jean-Marie Le Pen, a avoué en 1962 avoir torturé en Algérie « parce qu'il fallait le faire ».

Alarmés par sa popularité croissante, des militants de gauche créent le mouvement SOS Racisme, dirigé par Harlem Désir. Le slogan « Touche pas à mon pote » est apposé sur un badge en forme de main ouverte, qui sera vendu à plusieurs millions d'exemplaires. Le Front national qualifie le badge de « main de Fatma » et lance le slogan « Touche pas à mon peuple ».

Pot de colle

Ma sœur et moi étions devenues trop grandes pour voyager dans le coffre de la voiture : sur la route des grandes vacances, notre attention était désormais accaparée par de nouveaux passagers, des tortues de Floride. Elles avaient la particularité d'être mélomanes et de bouger la tête en cadence lorsqu'elles entendaient de la musique. Mais les grandes transhumances estivales ne leur convenaient guère : elles étaient sujettes au mal des transports

Nos premières expérimentations culinaires ne réjouissent pas toujours nos parents.

et vomissaient dans la voiture. Nous retrouvions chaque année nos copains un peu plus âgés. L'un d'eux, par une regrettable métamorphose, avait pris la forme d'un grand dadais insupportable. Il était laid et exaspérant mais recherchait obstinément la compagnie des filles, ce qui lui avait valu le surnom de « Pot de colle ». Ce cataplasme risquait de nous gâcher les vacances. Nous n'avions pas le choix : il fallait trouver le moyen de s'en débarrasser.

Nous savions qu'il observait un véritable rituel quotidien : le soir, avant de se coucher, il disposait soigneusement ses tongs devant sa tente, dans le sens de la marche, afin de pouvoir les chausser immédiatement en se levant. Si, d'après Victor Hugo, « Quand on est jeune, on a des matins triomphants », ce n'était pas le cas de Pot de colle, dont les réveils étaient laborieux et les premiers gestes, automatiques.

Après avoir effectué les repérages qui s'imposaient, nous tendîmes notre piège, un beau matin. Nous guettions le réveil de Pot de colle, embusquées non loin de sa tente. Comme d'habitude, ses deux pieds sortirent les premiers, plongèrent vers les tongs et… y écrasèrent l'épaisse couche d'excréments que nous avions étalée à son intention. Aux jurons du garçon répondit le fou rire de toute notre troupe de filles, venue assister à son humiliation. Nous fûmes délivrées de sa présence pour le reste des vacances.

Le grand saut

Pendant ce même séjour, je fis la connaissance d'un beau jeune homme. Nous faisions de longues promenades sur la jetée, qui me faisaient penser à mes chers naufragés du *Lagon bleu*. Il était mon Richard et j'étais son Emmeline. Après tout, nous nous trouvions aussi sur une île, et notre histoire avait commencé autour d'un feu de camp sur la plage. Ce soir-là, au beau milieu de notre groupe d'amis, nous étions seuls au monde, avec des étincelles dans les yeux. J'avais 17 ans. Il en avait 19. Le moment était venu de plonger dans le lagon bleu.

Le grand saut eut lieu sous la tente de mon héros : il fallut réveiller son jeune frère qui accepta stoïquement d'être délogé. C'était l'été 1984 et, sur toutes les radios, Jeanne Mas chantait *Toute première fois*. Au même moment, deux filles à peine plus âgées que moi tournaient en Bretagne le film *À nous les garçons*. Toutes deux convoitaient un jeune bellâtre de 21 ans incarné par Franck Dubosc (au cinéma pour la toute première fois). La plus gourgandine des demoiselles ne tardait pas à accaparer le corps musclé du godelureau. Mais l'autre, plus patiente ou plus romantique, s'en prenait à son âme. Et c'est elle qui rafla la mise en fin de partie...

À la recherche du prince charmant sur son fringant destrier...